LOI

SUR LA

LIBERTÉ DE LA PRESSE

DU

29 juillet 1881

PARIS

DUBUISSON et Cie, IMPRIMEUR BREVETÉ

5, RUE COQ-HÉRON, 5

1881

LOI

SUR LA

LIBERTÉ DE LA PRESSE

DU

29 juillet 1881

PARIS

DUBUISSON et Cie, IMPRIMEUR BREVETÉ

5, RUE COQ-HÉRON, 5

1881

LOI

SUR LA

LIBERTÉ DE LA PRESSE

du 29 juillet 1881

CHAPITRE Ier

DE L'IMPRIMERIE ET DE LA LIBRAIRIE

Art. 1er. — L'imprimerie et la librairie sont libres.

Art. 2. — Tout imprimé rendu public, à l'exception des ouvrages dits de ville ou bilboquets, portera l'indication du nom et du domicile de l'imprimeur, à peine, contre celui-ci, d'une amende de 5 fr. à 15 fr.

La peine de l'emprisonnement pourra être prononcée si, dans les douze mois précédents, l'imprimeur a été condamné pour contravention de même nature.

Art. 3. — Au moment de la publication de tout imprimé, il en sera fait, par l'imprimeur, sous peine d'une amende de 16 francs à 300 francs, un dépôt de deux exemplaires, destiné aux collections nationales.

Ce dépôt sera fait au ministère de l'intérieur pour Paris; à la préfecture, pour les chefs-lieux de département; à la sous-préfecture, pour les chefs-lieux d'arrondissement ; et, pour les autres villes, à la mairie.

L'acte de dépôt mentionnera le titre de l'imprimé et le chiffre du tirage.

Sont exceptés de cette disposition les bulletins de vote, les circulaires commerciales ou industrielles et les ouvrages dits de ville ou bilboquets.

Art. 4. — Les dispositions qui précèdent sont applicables à tous les genres d'imprimés ou de reproductions destinés à être publiés.

Toutefois, le dépôt prescrit par l'article précédent sera de trois exemplaires pour les estampes, la musique et en général les reproductions autres que les imprimés.

CHAPITRE II

DE LA PRESSE PÉRIODIQUE

§ 1er.—*Du droit de publication, de la gérance, de la déclaration et du dépôt au parquet.*

Art. 5. — Tout journal ou écrit périodique peut être publié, sans autorisation préalable et sans dépôt de cautionnement, après la déclaration prescrite par l'article 7.

Art. 6. — Tout journal ou écrit périodique aura un gérant.

Le gérant devra être Français, majeur, avoir la jouissance de ses droits civils et n'être privé de ses droits civiques par aucune condamnation judiciaire.

Art. 7. — Avant la publication de tout journal ou écrit périodique, il sera fait au parquet du Procureur de la République, une déclaration contenant :

1º Le titre du journal ou écrit périodique et son mode de publication ;

2º Le nom et la demeure du gérant ;

3º L'indication de l'imprimerie où il doit être imprimé.

Toute mutation dans les conditions ci-dessus énumérées sera déclarée dans les cinq jours qui suivront.

Art. 8. — Les déclarations seront faites par écrit, sur papier timbré, et signées des gérants. Il sera donné récépissé.

Art. 9. — En cas de contravention aux dispositions prescrites par les articles 6, 7, 8, le propriétaire, le gérant, ou, à défaut, l'imprimeur, seront punis d'une amende de 50 fr. à 500 fr.

Le journal ou écrit périodique ne pourra continuer sa publication qu'après avoir rempli les formalités ci-dessus prescrites, à peine, si la publication irrégulière continue, d'une amende de 100 fr., prononcée solidairement contre les mêmes personnes, pour chaque numéro publié à partir du jour de la prononciation du jugement de condamnation, si ce jugement est contradictoire, et du troisième jour qui suivra sa notification, s'il a été rendu par défaut ; et ce, nonobstant opposition ou appel, si l'exécution provisoire est ordonnée.

Le condamné, même par défaut, peut interjeter appel. Il sera statué par la cour dans le délai de trois jours.

Art. 10. — Au moment de la publication de chaque feuille ou livraison du journal ou écrit périodique, il sera remis au parquet du procureur de la République, ou à la mairie, dans les villes où il n'y a pas de tribunal de première instance, deux exemplaires signés du gérant.

Pareil dépôt sera fait au ministère de l'intérieur, pour Paris et le département de la Seine, et, pour les autres départements, à la préfecture, à la sous-préfecture, ou à la mairie, dans les villes qui ne sont ni chefs-lieux de département, ni chefs-lieux d'arrondissement.

Chacun de ces dépôts sera effectué, sous peine de 50 fr. d'amende contre le gérant.

Art. 11. — Le nom du gérant sera imprimé au bas de tous les exemplaires, à peine, contre l'imprimeur, de 16 fr. à 100 fr. d'amende par chaque numéro publié en contravention de la présente disposition.

§ 2. — *Des rectifications.*

Art. 12. — Le gérant est tenu d'insérer gratuitement, en tête du plus prochain numéro du journal ou écrit périodique, toutes les rectifications qui lui seront adressées par un dépositaire de l'autorité publique, au sujet des actes de sa fonction, qui auront été inexactement rapportés par ledit journal ou écrit périodique.

Toutefois, ces rectifications ne dépasseront pas le double de l'article auquel elles répondront.

En cas de contravention, le gérant sera puni d'une amende de 100 fr. à 1,000 fr.

Art. 13. — Le gérant sera tenu d'insérer dans les trois jours de leur réception ou dans le plus prochain numéro, s'il n'en était pas publié avant l'expiration des trois jours, les réponses de toute personne nommée ou désignée dans le journal ou écrit périodique, sous peine d'une amende de 50 à 500 fr., sans préjudice des autres peines et dommages-intérêts auxquels l'article pourrait donner lieu.

Cette insertion devra être faite à la même place et en mêmes caractères que l'article qui l'aura provoquée.

Elle sera gratuite, lorsque les réponses ne dépasseront pas le double de la longueur dudit article. Si elles le dépassent, le prix d'insertion sera dû pour le surplus seulement. Il sera calculé au prix des annonces judiciaires.

§ 3.— *Des journaux ou écrits périodiques étrangers.*

Art. 14. — La circulation en France des journaux ou écrits périodiques publiés à l'étranger ne pourra être interdite que par une décision spéciale délibérée en conseil des ministres.

La circulation d'un numéro peut être interdite par une décision du ministre de l'intérieur.

La mise en vente ou la distribution, faite sciemment au mépris de l'interdiction, sera punie d'une amende de 50 fr. à 500 fr.

CHAPITRE III

DE L'AFFICHAGE, DU COLPORTAGE ET DE LA VENTE SUR LA VOIE PUBLIQUE

§ 1er. — *De l'affichage.*

Art. 15. — Dans chaque commune, le maire désignera, par arrêté, les lieux exclusivement destinés à recevoir les affiches des lois et autres actes de l'autorité publique.

Il est interdit d'y placarder des affiches particulières.

Les affiches des actes émanés de l'autorité seront seules imprimées sur papier blanc.

Toute contravention aux dispositions du présent article sera punie des peines portées en l'article 2.

Art. 16. — Les professions de foi, circulaires et affiches électorales pourront être placardées, à l'exception des emplacements réservés par l'article précédent, sur tous les édifices publics autres que les édifices consacrés aux cultes et particulièrement aux abords des salles de scrutin.

Art. 17. — Ceux qui auront enlevé, déchiré, recouvert ou altéré par un procédé quelconque, de manière à les travestir ou à les rendre illisibles, des affiches apposées par ordre de l'administration dans les emplacements à ce réservés, seront punis d'une amende de 5 à 15 fr.

Si le fait a été commis par un fonctionnaire ou un agent de l'autorité publique, la peine sera d'une amende de 16 fr. à 100 fr., et d'un emprisonnement de six jours à un mois, ou de l'une de ces deux peines seulement.

Seront punis d'une amende de 5 fr. à 15 fr. ceux qui auront enlevé, déchiré, recouvert ou altéré par un procédé quelconque, de manière à les travestir ou à les rendre illisibles, des affiches électorales émanant de simples particuliers, apposées ailleurs que sur les propriétés de ceux qui auront commis cette lacération ou altération.

La peine sera d'une amende de 16 à 100 francs et d'un emprisonnement de six jours à un mois ou de l'une de ces deux peines seulement, si le fait a été commis par un fonctionnaire ou agent de l'autorité publique, à moins que les affiches n'aient été apposées dans les emplacements réservés par l'article 15.

§ 2. — *Du colportage et de la vente sur la voie publique.*

Art. 18. — Quiconque voudra exercer la profession de colporteur ou de distributeur sur la voie publique ou en tout autre lieu public ou privé, de livres, écrits, brochures, journaux, dessins, gravures, lithographies et photographies, sera tenu d'en faire la déclaration à la préfecture du département où il a son domicile.

Toutefois, en ce qui concerne les journaux et autres feuilles périodiques, la déclaration pourra être faite soit à la mairie de la commune dans laquelle doit se faire la distribution, soit à la sous-préfecture. Dans ce dernier cas, la déclaration produira son effet pour toutes les communes de l'arrondissement.

Art. 19. — La déclaration contiendra les nom, prénoms, profession, domicile, âge et lieu de naissance du déclarant.

Il sera délivré immédiatement et sans frais au déclarant un récépissé de sa déclaration.

Art. 20. — La distribution et le colportage accidentels ne sont assujettis à aucune déclaration.

Art. 21. — L'exercice de la profession de colporteur ou de distributeur sans déclaration préalable, la fausseté de la déclaration, le défaut de présentation à toute réquisition du récépissé constituent des contraventions.

Les contrevenants seront punis d'une amende de 5 francs à 15 francs et pourront l'être, en outre, d'un emprisonnement d'un à cinq jours.

En cas de récidive ou de déclaration mensongère, l'emprisonnement sera nécessairement prononcé.

Art. 22. — Les colporteurs et distributeurs pourront être poursuivis conformément au droit commun, s'ils ont sciemment colporté ou distribué des livres, écrits, brochures, journaux, dessins, gravures, lithographies et photographies, présentant un caractère délictueux, sans préjudice des cas prévus à l'article 42.

CHAPITRE IV

DES CRIMES ET DÉLITS COMMIS PAR LA VOIE DE LA PRESSE OU PAR TOUT AUTRE MOYEN DE PUBLICATION.

§ 1ᵉʳ. — *Provocations aux crimes et délits*

Art. 23. — Seront punis comme complices d'une action qualifiée crime ou délit ceux qui, soit par des discours, cris ou menaces proférés dans des lieux ou réunions publiques, soit par des écrits, des imprimés vendus ou distribués, mis en vente ou exposés dans des lieux ou réunions publiques, soit par des placards ou affiches exposés aux regards du public, auront directement provoqué l'auteur ou les auteurs à commettre ladite action, si la provocation a été suivie d'effet.

Cette disposition sera également applicable lorsque la provocation n'aura été suivie que d'une tentative de crime prévue par l'article 2 du code pénal.

Art. 24. — Ceux qui, par les moyens énoncés en l'article précédent, auront directement provoqué à commettre les crimes de meurtre, de pillage et d'incendie, ou l'un des crimes contre la sûreté de l'Etat prévus par les articles 75 et suivants jusques et y compris l'article 101 du code pénal, seront punis, dans le cas où cette provocation n'aurait pas été suivie d'effet, de trois mois à deux ans d'emprisonnement, et de 100 francs à 3,000 francs d'amende.

Tous cris ou chants séditieux proférés dans des lieux ou réunions publics seront punis d'un emprisonnement de six jours à un mois et d'une amende de 16 francs à 500 francs, ou de l'une de ces deux peines seulement.

Art. 25. — Toute provocation par l'un des moyens énoncés en l'article 23, adressée à des militaires des armées de terre ou de mer, dans le but de les détourner de leurs devoirs militaires et de l'obéissance qu'ils doivent à leurs chefs dans tout ce qu'ils leur commandent pour l'exécution des lois et règlements militaires, sera punie d'un emprisonnement d'un à six mois et d'une amende de 16 à 100 francs.

§ 2. — *Délits contre la chose publique.*

Art. 26. — L'offense au président de la République par l'un des moyens énoncés dans l'article 23 et dans l'article 28 est punie d'un emprisonnement de trois mois à un an et d'une amende de 100 francs à 3,000 francs, ou de l'une de ces deux peines seulement.

Art. 27. — La publication ou reproduction de nouvelles fausses, de pièces fabri-

quées, falsifiées ou mensongèrement attri-
buées à des tiers sera punie d'un emprisonnement d'un mois à un an et d'une amende
de 50 francs à 1,000 francs ou de l'une de
ces deux peines seulement, lorsque la publication ou reproduction aura troublé la
paix publique et qu'elle aura été faite de
mauvaise foi.

Art. 28. — L'outrage aux bonnes mœurs
commis par l'un des moyens énoncés en
l'article 23 sera puni d'un emprisonnement
de un mois à deux ans et d'une amende de
16 francs à 2,000 francs.

Les mêmes peines seront applicables à la
mise en vente, à la distribution ou à l'ex-
position de dessins, gravures, peintures,
emblèmes ou images obscènes. Les exemplaires de ces dessins, gravures, peintures,
emblèmes ou images obscènes exposés au
regard du public, mis en vente, colportés
ou distribués, seront saisis.

§ 3. — *Délits contre les personnes.*

Art. 29. — Toute allégation ou imputa-
tion d'un fait qui porte atteinte à l'honneur
ou à la considération de la personne ou du
corps auquel le fait est imputé est une diffamation.

Toute expression outrageante, terme de
mépris ou invective, qui ne renferme l'im-
putation d'aucun fait, est une injure.

Art. 30. — La diffamation commise par l'un des moyens énoncés en l'article 23 et en l'article 28, envers les cours, les tribunaux, les armées de terre ou de mer, les corps constitués et les administrations publiques, sera punie d'un emprisonnement de huit jours à un an et d'une amende de 100 fr. à 3,000 fr., ou de l'une de ces deux peines seulement.

Art. 31. — Sera punie de la même peine la diffamation commise par les mêmes moyens, à raison de leurs fonctions ou de leur qualité, envers un ou plusieurs membres du ministère, un ou plusieurs membres de l'une ou de l'autre Chambre, un fonctionnaire public, un dépositaire ou agent de l'autorité publique, un ministre de l'un des cultes salariés par l'Etat, un citoyen chargé d'un service ou d'un mandat public temporaire ou permanent, un juré ou un témoin, à raison de sa déposition.

Art. 32. — La diffamation commise envers les particuliers, par l'un des moyens énoncés en l'article 23 et en l'article 28, sera punie d'un emprisonnement de cinq jours à six mois et d'une amende de 25 francs à 2,000 francs, ou de l'une de ces deux peines seulement.

Art. 33. — L'injure commise par les mêmes moyens envers les corps ou les personnes désignées par les articles 30 et 31 de la présente loi, sera punie d'un emprisonnement de six jours à trois mois et d'une amende de 18 fr. à 500 fr., ou de l'une de ces deux peines seulement.

L'injure commise de la même manière envers les particuliers, lorsqu'elle n'aura pas été précédée de la provocation, sera punie d'un emprisonnement de cinq jours à deux mois et d'une amende de 16 francs à 300 francs, ou de l'une de ces deux peines seulement.

Si l'injure n'est pas publique, elle ne sera punie que de la peine prévue par l'art 171 du Code pénal.

Art. 34. — Les articles 29, 30 et 31 ne seront applicables aux diffamations ou injures dirigées contre la mémoire des morts, que dans les cas où les auteurs de ces diffamations ou injures auraient eu l'intention de porter atteinte à l'honneur ou à la considération des héritiers vivants.

Ceux-ci pourront toujours user du droit de réponse prévu par l'art. 13.

Art. 35. — La vérité du fait diffamatoire, mais seulement quand il est relatif aux fonctions, pourra être établie par les voies ordinaires, dans le cas d'imputations contre les corps constitués, les armées de terre ou de mer, les administrations publiques et contre toutes les personnes énumérées dans l'art. 31.

La vérité des imputations diffamatoires et injurieuses pourra être également établie contre les directeurs ou administrateurs de toute entreprise industrielle, commerciale ou financière, faisant publiquement appel à l'épargne ou au crédit.

Dans les cas prévus aux deux paragraphes précédents, la preuve contraire est réservée. Si la preuve du fait diffamatoire est rapportée, le prévenu sera renvoyé des fins de la plainte.

Dans toute autre circonstance et envers toute autre personne non qualifiée, lorsque le fait imputé est l'objet de poursuites commencées à la requête du ministère public, ou d'une plainte de la part du prévenu, il sera, durant l'instruction qui devra avoir lieu, sursis à la poursuite et au jugement du délit de diffamation.

§ 4. — *Délits contre les chefs d'Etats et agents diplomatiques étrangers.*

Art. 36. — L'offense commise publiquement envers les chefs d'Etats étrangers sera punie d'un emprisonnement de trois mois à un an et d'une amende de 100 fr. à 3,000 fr., ou de l'une de ces deux peines seulement.

Art. 37. — L'outrage commis publiquement envers les ambassadeurs et ministres plénipotentiaires, envoyés, chargés d'affaires ou autres agents diplomatiques accrédités près du gouvernement de la République, sera puni d'un emprisonnement de huit jours à un an et d'une amende de 50 francs à 2,000 fr., ou de l'une de ces deux peines seulement.

§ 5. — *Publications interdites, immunité de la défense.*

Art. 38. — Il est interdit de publier les actes d'accusation et tous autres actes de procédure criminelle ou correctionnelle avant qu'ils aient été lus en audience publique, et ce, sous peine d'une amende de 50 fr. à 1,000 fr.

Art. 39. — Il est interdit de rendre compte des procès en diffamation où la preuve des faits diffamatoires n'est pas autorisée. La plainte seule pourra être publiée par le plaignant. Dans toute affaire civile, les cours et tribunaux pourront interdire le compte rendu du procès. Ces interdictions ne s'appliqueront pas aux jugements qui pourront toujours être publiés.

Il est également interdit de rendre compte des délibérations intérieures, soit des jurys, soit des cours et tribunaux.

Toute infraction à ces dispositions sera punie d'une amende de 100 à 2,000 fr.

Art. 40. — Il est interdit d'ouvrir ou d'annoncer publiquement des souscriptions ayant pour objet d'indemniser des amendes, frais et dommages-intérêts prononcés par des condamnations judiciaires, en matière criminelle et correctionnelle, sous peine d'un emprisonnement de huit jours à six mois et d'une amende de 100 à 1,000 fr., ou de l'une de ces deux peines seulement.

Art. 41. — Ne donneront ouverture à aucune action les discours tenus dans le sein de l'une des deux Chambres, ainsi que les rapports ou toutes autres pièces imprimés par ordre de l'une des deux Chambres.

Ne donnera lieu à aucune action le compte rendu des séances publiques des deux Chambres, fait de bonne foi dans les journaux.

Ne donneront lieu à aucune action en diffamation, injure ou outrage, ni le compte rendu fidèle fait de bonne foi des débats judiciaires, ni les discours prononcés ou écrits produits devant les tribunaux.

Pourront néanmoins les juges saisis de la cause et statuant sur le fond, prononcer la suppression des discours injurieux, outrageants ou diffamatoires, et condamner qui il appartiendra à des dommages-intérêts. Les juges pourront aussi, dans le même cas, faire des injonctions aux avocats et officiers ministériels et même les suspendre de leurs fonctions. La durée de cette suspension ne pourra excéder denx mois, et six mois en cas de récidive, dans l'année.

Pourront toutefois les faits diffamatoires

étrangers à la cause donner ouverture soit à l'action publique, soit à l'action civile des parties, lorsque ces actions leur auront été réservées par les tribunaux et, dans tous les cas, à l'action civile des tiers.

CHAPITRE V

DES POURSUITES ET DE LA RÉPRESSION

§ 1er. — *Des personnes responsables des crimes et délits commis par la voie de la presse.*

Art. 42. — Seront passibles, comme auteurs principaux, des peines qui constituent la répression des crimes et délits commis par la voie de la presse, dans l'ordre ci-après, savoir :

1° Les gérants ou éditeurs, quelles que soient leurs professions ou dénominations ;

2° A leur défaut, les auteurs ;

3° A défaut des auteurs, les imprimeurs ;

4° A défaut des imprimeurs, les vendeurs, distributeurs ou afficheurs.

Art. 43. — Lorsque les gérants ou les éditeurs seront en cause, les auteurs seront poursuivis comme complices.

Pourront l'être au même titre et dans tous les cas, toutes personnes auxquelles l'article 60 du code pénal pourrait s'appliquer.

Ledit article ne pourra s'appliquer aux imprimeurs pour faits d'impression, sauf dans les cas et les conditions prévus par l'article 6 de la loi du 7 juin 1848 sur les attroupements.

Art. 44. — Les propriétaires des journaux ou écrits périodiques sont responsables des condamnations pécuniaires prononcées au profit des tiers contre les personnes désignées dans les deux articles précédents, conformément aux dispositions des articles 1382, 1383, 1384 du code civil.

Art. 45. — Les crimes et délits prévus par la présente loi seront déférés à la cour d'assises.

Sont exceptés et déférés aux tribunaux de police correctionnelle les délits et infractions prévus par les art. 3, 4, 9, 10, 11, 12, 13, 14, 17 paragraphes 2 et 4, 28 paragraphe 2, 32, 33 paragraphe 2, 38, 39 et 40 de la présente loi.

Sont encore exceptées et renvoyées devant les tribunaux de simple police les contraventions prévues par les articles 2, 15, 17, paragraphes 1er et 3, 21 et 33 paragraphe 3 de la présente loi.

Art. 46. — L'action civile résultant des délits de diffamation prévus et punis par les art. 30 et 31 ne pourra, sauf dans le cas de décès de l'auteur du fait incriminé ou d'admnistie, être poursuivie séparément de l'action publique.

§ 2. — *De la procédure.*

A. — COUR D'ASSISES.

Art. 47. — La poursuite des crimes et délits commis par la voie de la presse ou par
tout autre moyen de publication aura lieu
d'office et à la requête du ministère public,
sous les modifications suivantes :

1º Dans le cas d'injure ou de diffamation
envers les cours, tribunaux et autres corps
indiqués en l'article 30, la poursuite n'aura
lieu que sur une délibération prise par eux
en assemblée générale, et requérant les
poursuites, ou si le corps n'a pas d'assemblée générale, sur la plainte du chef du
corps ou du ministre duquel ce corps re-
lève ;

2º Dans le cas d'injure ou de diffamation
envers un ou plusieurs membres de l'une
ou de l'autre Chambre, la poursuite n'aura
lieu que sur la plainte de la personne ou
des personnes intéressées ;

3º Dans le cas d'injure ou de diffamation
envers les fonctionnaires publics, les dépo-
sitaires ou agents de l'autorité publique
autres que les ministres, envers les ministres des cultes salariés par l'Etat et les ci-
toyens chargés d'un service ou d'un mandat
public, la poursuite aura lieu, soit sur leur
plainte, soit d'office, sur la plainte du ministre dont ils relèvent ;

4° Dans le cas de diffamation envers un juré ou un témoin, délit prévu par l'article 31, la poursuite n'aura lieu que sur la plainte du juré ou du témoin qui se prétendra diffamé;

5° Dans le cas d'offense envers les chefs d'Etat ou d'outrage envers les agents diplomatiques étrangers, la poursuite aura lieu soit à leur requête, soit d'office sur leur demande adressée au ministre des affaires étrangères et par celui-ci au ministre de la justice;

- 6° Dans les cas prévus par les paragraphes 3 et 4 du présent article, le droit de citation directe devant la cour d'assises appartiendra à la partie lésée.

Sur sa requête, le président de la cour d'assises fixera les jours et heures auxquels l'affaire sera appelée.

Art. 48. — Si le ministère public requiert une information, il sera tenu, dans son réquisitoire, d'articuler et de qualifier les provocations, outrages, diffamations et injures à raison desquels la poursuite est intentée, avec indication des textes dont l'application est demandée, à peine de nullité du réquisitoire de ladite poursuite.

Art. 49. — Immédiatement après le réquisitoire, le juge d'instruction pourra, mais seulement en cas d'omission du dépôt prescrit par les articles 3 et 10 ci-dessus, ordonner la saisie de quatre exemplaires de l'écrit, du journal ou du dessin incriminé. Cette disposition ne déroge en rien à ce qui est prescrit par l'article 28 de la présente loi.

Si le prévenu est domicilié en France, il ne pourra être arrêté préventivement, sauf en cas de crime.

- En cas de condamnation, l'arrêt pourra ordonner la saisie et la suppression ou la destruction de tous les exemplaires qui seraient mis en vente, distribués ou exposés au regard du public.

Toutefois, la suppression ou la destruction pourra ne s'appliquer qu'à certaines parties des exemplaires saisis.

Art. 50. — La citation contiendra l'indication précise des écrits, des imprimés, placards, dessins, gavures, peintures, médailles, emblèmes, des discours ou propos publiquement proférés qui seront l'objet de la poursuite, ainsi que de la qualification des faits. Elle indiquera les textes de la loi invoquée à l'appui de la demande.

Si la citation est à la requête du plaignant, elle portera, en outre, copie de l'ordonnance du président ; elle contiendra élection de domicile dans la ville où siège la cour d'assises et sera notifiée tant au prévenu qu'au ministère public.

Toutes ces formalités seront observées à peine de nullité de la poursuite.

Art. 51. — Le délai entre la citation et la comparution en cour d'assises sera de cinq jours francs, outre un jour par cinq myriamètres de distance.

Art. 52. — En matière de diffamation, ce délai sera de douze jours, outre un jour par cinq myriamètres.

Quand le prévenu voudra être admis à prouver la vérité des faits diffamatoires, conformément aux dispositions de l'article 35 de la présente loi, il devra, dans les cinq jours qui suivront la notification de la citation, faire signifier au ministère public près la cour d'assises ou au plaignant au domicile par lui élu, suivant qu'il est assigné à la requête de l'un ou de l'autre :

1º Les faits articulés et qualifiés dans la citation, desquels il entend prouver la vérité ;

2º La copie des pièces ;

3º Les noms, professions et demeures des témoins par lesquels il entend faire sa preuve. Cette signification contiendra élection de domicile près la cour d'assises, le tout à peine d'être déchu du droit de faire la preuve.

Art. 53. — Dans les cinq jours suivants, le plaignant ou le ministère public, suivant les cas, sera tenu de faire signifier au prévenu, au domicile par lui élu, la copie des pièces et les noms, professions et demeures des témoins par lesquels il entend faire la preuve contraire, sous peine d'être déchu de son droit.

Art. 54.— Toute demande en renvoi, pour quelque cause que ce soit, tout incident sur la procédure suivie, devront être présentés avant l'appel des jurés, à peine de forclusion.

Art. 55.— Si le prévenu a été présent à l'appel des jurés, il ne pourra plus faire défaut; quand bien même il se fût retiré pendant le tirage au sort.

En conséquence, tout arrêt qui interviendra, soit sur la forme, soit sur le fond, sera définitif, quand bien même le prévenu se retirerait de l'audience ou refuserait de se défendre. Dans ce cas, il sera procédé avec le concours du jury et comme si le prévenu était présent.

Art. 56.— Si le prévenu ne comparaît pas au jour fixé par la citation, il sera jugé par défaut par la cour d'assises, sans assistance ni intervention des jurés.

La condamnation par défaut sera comme non avenue si, dans les cinq jours de la signification qui en aura été faite au prévenu ou à son domicile, outre un jour par cinq myriamètres, celui-ci forme opposition à l'exécution de l'arrêt et notifie son opposition tant au ministère public qu'au plaignant. Toutefois, si la signification n'a été faite à personne ou s'il ne résulte pas de l'acte d'exécution de l'arrêt que le prévenu en a eu connaissance, l'opposition sera recevable jusqu'à l'expiration des délais de la prescription de la peine. L'opposition vaudra citation à la première audience utile. Les frais de l'expédition, de la signification de l'arrêt, de l'opposition et de la réassignation pourront être laissés à la charge du prévenu.

Art. 57. — Faute, par le prévenu, de former son opposition dans le délai fixé en l'article 56, et de la signifier aux personnes indiquées dans cet article, ou de comparaître par lui-même au jour fixé en l'article précédent, l'opposition sera réputée non avenue et l'arrêt par défaut sera définitif.

Art. 58. — En cas d'acquittement par le jury, s'il y a partie civile en cause, la cour ne pourra statuer que sur les dommages-intérêts réclamés par le prévenu. Ce dernier devra être renvoyé de la plainte sans dépens ni dommages-intérêts au profit du plaignant.

Art. 59. — Si, au moment où le ministère public ou le plaignant exerce son action, la session de la cour d'assises est terminée, et s'il ne doit pas s'en ouvrir d'autre à une époque rapprochée, il pourra être formé une cour d'assises extraordinaire, par ordonnance motivée du premier président. Cette ordonnance prescrira le tirage au sort des jurés conformément à la loi.

L'article 81 du décret du 6 juillet 1810 sera applicable aux cours d'assises extraordinaires formées en exécution du paragraphe précédent.

B. — POLICE CORRECTIONNELLE
ET SIMPLE POLICE

Art. 60. — La poursuite devant les tribunaux correctionnels et de simple police aura lieu conformément aux dispositions du chapitre II du titre 1er du livre 2 du code d'instruction criminelle, sauf les modifications suivantes :

1° Dans le cas de diffamation envers les particuliers, prévu par l'article 32, et dans le cas d'injure prévu par l'article 33, paragraphe 2, la poursuite n'aura lieu que sur la plainte de la personne diffamée ou injuriée ;

2° En cas de diffamation ou d'injure pendant la période électorale contre un candidat à une fonction élective, le délai de la citation sera réduit à vingt-quatre heures, outre le délai de distance ;

3° La citation précisera et qualifiera le fait incriminé ; elle indiquera le texte de loi applicable à la poursuite, le tout à peine de nullité de ladite poursuite.

Sont applicables au cas de poursuite et de condamnation les dispositions de l'article 48 de la présente loi.

Le désistement du plaignant arrêtera la poursuite commencée.

C. — POURVOIS EN CASSATION.

Art. 61. — Le droit de se pourvoir en cassation appartiendra au prévenu et à la partie civile, quant aux dispositions relatives à ses intérêts civils. L'un et l'autre seront dispensés de consigner l'amende, et le prévenu de se mettre en état.

Art. 62. — Le pourvoi devra être formé dans les trois jours, au greffe de la cour ou du tribunal qui aura rendu la décision. Dans les vingt-quatre heures qui suivront, les pièces seront envoyées à la cour de cassation, qui jugera d'urgence dans les dix jours à partir de leur réception.

§ 3. — *Récidives, circonstances atténuantes, prescription.*

Art. 63.—L'aggravation des peines résultant de la récidive ne sera pas applicable aux infractions prévues par la présente loi.

En cas de conviction de plusieurs crimes ou délits prévus par la présente loi, les peines ne se cumuleront pas, et la plus forte sera seule prononcée.

Art. 64. — L'article 463 du code pénal est applicable dans tous les cas prévus par la présente loi. Lorsqu'il y aura lieu de faire cette application, la peine prononcée ne

pourra excéder la moitié de la peine édic-
tée par la loi.

Art. 65. — L'action publique et l'action
civile résultant des crimes, délits et contraventions prévus par la présente loi se
prescriront après trois mois révolus, à
compter du jour où ils auront été commis,
ou du jour du dernier acte de poursuite,
s'il en a été fait.

Les prescriptions commencées à l'époque
de la publication de la présente loi, et pour
lesquelles il faudra encore, suivant les lois
existantes, plus de trois mois, à compter de
la même époque, seront, par ce laps de trois
mois, définitivement accomplies.

DISPOSITIONS TRANSITOIRES.

Art. 66. — Les gérants et propriétaires de
journaux existant au jour de la promulgation de la présente loi seront tenus de se
conformer, dans un délai de quinzaine, aux
prescriptions édictées par les articles 7 et 8,
sous peine de tomber sous l'application de
l'article 9.

Art. 67. — Le montant des cautionne-
ments versés par les journaux ou écrits
périodiques, actuellement soumis à cette
obligation, sera remboursé à chacun d'eux
par le Trésor public dans un délai de trois
mois, à partir du jour de la promulgation
de la présente loi, sans préjudice des rete-
nues qui pourront être effectuées au profit

de l'Etat et des particuliers, pour les condamnations à l'amende, et les réparations civiles auxquelles il n'aura pas été autrement satisfait à l'époque du remboursement.

Art. 68. — Sont abrogés les édits, lois, décrets, ordonnances, arrêtés, règlements, déclarations généralement quelconques, relatifs à l'imprimerie, à la librairie, à la presse périodique ou non périodique, au colportage, à l'affichage, à la vente sur la voie publique, et aux crimes et délits prévus par les lois sur la presse et les autres moyens de publication, sans que puissent revivre les dispositions abrogées par les lois antérieures.

Est également abrogé le second paragraphe de l'article 31 de la loi du 10 août 1871 sur les conseils généraux, relatif à l'appréciation de leurs discussions par les journaux.

Art. 69. — La présente loi est applicable à l'Algérie et aux colonies.

Art. 70. — Amnistie est accordée pour tous les crimes et délits commis antérieurement au 16 février 1881, par la voie de la presse ou autres moyens de publication, sauf l'outrage aux bonnes mœurs puni par l'article 28 de la présente loi et sans préjudice du droit des tiers.

Les amendes non perçues ne seront pas

exigées. Les amendes déjà perçues ne seront pas restituées, à l'exception de celles qui ont été payées depuis le 16 février 1881.

La présente loi, délibérée et adoptée par le Sénat et par la Chambre des députés, sera exécutée comme loi de l'Etat.

Fait à Paris, le 29 juillet 1881.

JULES GRÉVY.

PAR LE PRÉSIDENT DE LA RÉPUBLIQUE :

Le président du Conseil, ministre de l'instruction publique et des beaux-arts,
JULES FERRY.

Le ministre de l'intérieur et des cultes,
CONSTANS.

LOI RELATIVE A L'AMNISTIE DES CRIMES ET DÉLITS DE PRESSE

Le Sénat et la Chambre des députés ont adopté,

Le président de la République promulgue la loi dont la teneur suit :

Article unique. — L'amnistie prévue par la loi sur la liberté de la presse sera appliquée à tous les crimes et délits commis antérieurement au 21 juillet 1881.

La présente loi, délibérée et adoptée par le Sénat et par la Chambre des députés, sera exécutée comme loi de l'Etat.

Fait à Paris, le 29 juillet 1881.

JULES GRÉVY.

PAR LE PRÉSIDENT DE LA RÉPUBLIQUE :

Le président du Conseil, ministre de l'instruction publique et des beaux-arts,
JULES FERRY.

Le ministre de l'intérieur et des cultes,
CONSTANS.

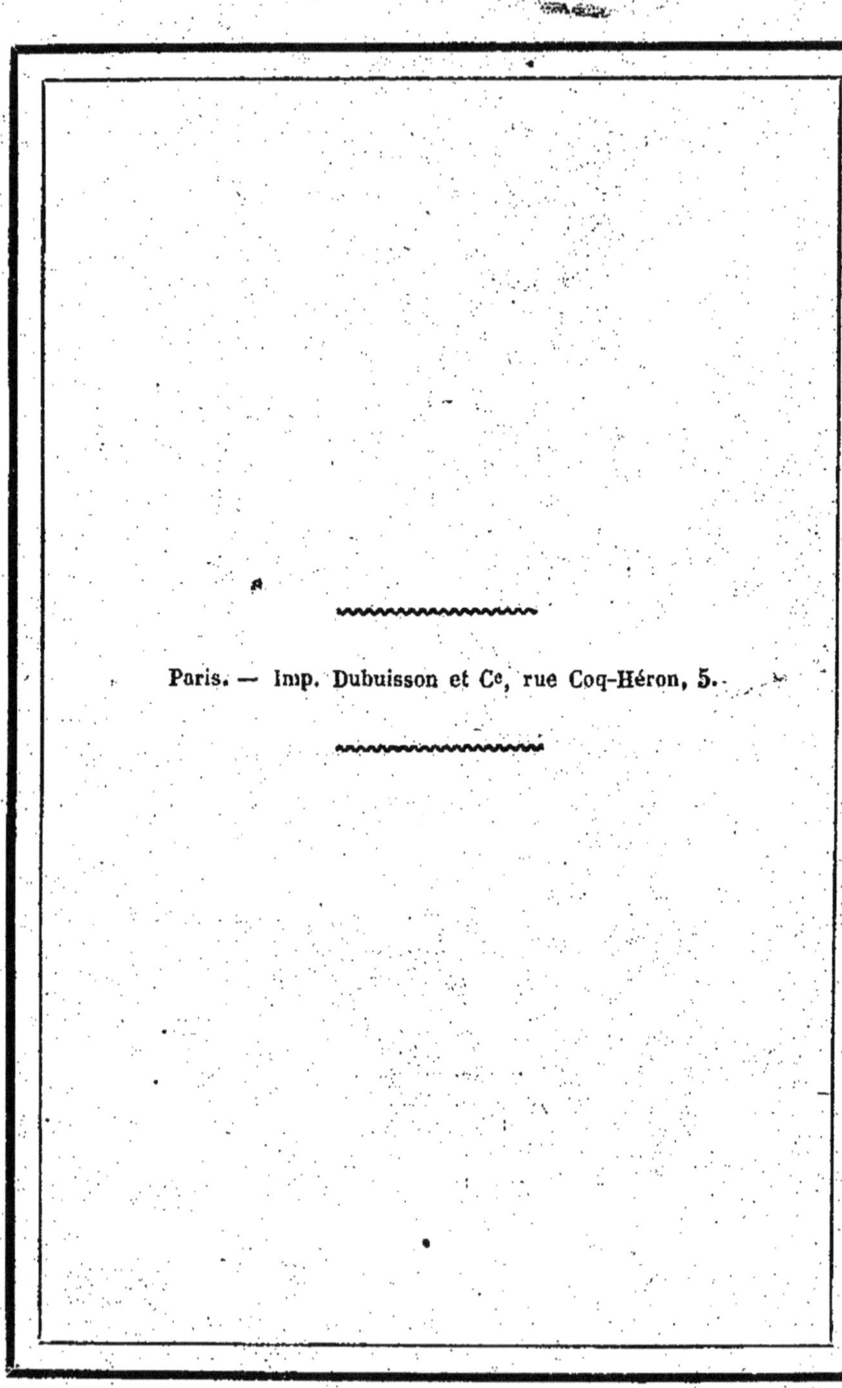

Paris. — Imp. Dubuisson et Ce, rue Coq-Héron, 5.

www.ingramcontent.com/pod-product-compliance
Lightning Source LLC
Chambersburg PA
CBHW051342050726
47595CB00006B/2365